DEUXIÈME CENTENAIRE

DE

ERRE CORNEILL

LA SÉANCE DU 19 MARS 1885

A L'ARCHEVÊCHÉ DE ROUEN

ROUEN

E. CAGNIARD, IMPRIMEUR, LIBRAIRE-ÉDITEUR

Rues Jeanne-Darc, 88, et des Basnage, 5

1885

DEUXIÈME CENTENAIRE

DE

PIERRE CORNEILLE

DEUXIÈME CENTENAIRE

DE

PIERRE CORNEILLE

LA SÉANCE DU 19 MARS 1885

A L'ARCHEVÊCHÉ DE ROUEN

ROUEN

E. CAGNIARD, IMPRIMEUR, LIBRAIRE-ÉDITEUR

Rues Jeanne-Darc, 88, et des Basnage, 5

1885

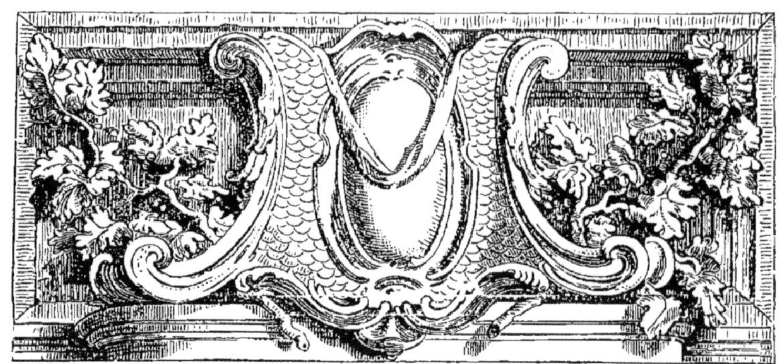

DEUXIÈME CENTENAIRE DE CORNEILLE

La Séance du 19 Mars à l'Archevêché de Rouen

E grand Corneille a reçu à l'Archevêché de Rouen, dans la séance du 19 mars, des hommages dignes de lui.

C'était justice que le deuxième centenaire de notre poète national, du plus illustre enfant de notre ville, trouvât, après les ovations de la patrie, son couronnement dans la religion. Pierre Corneille fut un grand chrétien autant qu'un grand poète. Les faits de sa vie déposent ici comme ses œuvres. Fontenelle, son neveu, a attesté « les sentiments de piété que Corneille eut toute sa vie (1) ». L'élève des Jésuites, le père exemplaire, le marguillier de Saint-Sauveur de Rouen, l'homme de foi et de piété qui récita tous les jours le bréviaire, pendant les trente années de sa gloire, le traducteur des *Psaumes* et de l'*Imitation de Jésus-Christ*, l'ami des Archevêques de Rouen, méritait d'être honoré et glorifié par des cœurs chrétiens, et voilà pourquoi Monseigneur l'Archevêque de Rouen avait convoqué le 19 mars l'élite des catholiques de notre ville et de son diocèse, dans ce même palais où deux de ses prédécesseurs avaient prodigué à Corneille les témoignages de leur vive sympathie (2).

La vaste salle des États était donc remplie de sept cents hommes de bien dont Corneille vivant eût estimé l'amitié. Cette assistance était déjà elle-même un honneur. Nous avons vu là deux généraux de notre vaillante armée, un amiral, ancien ministre de la marine; un ancien maire et d'anciens adjoints de Rouen; des magistrats que l'épuration n'a pas osé atteindre, ceux qu'elle a immolés et grandis encore dans l'estime publique, d'autres qui, pour rester fidèles à leur conscience, sont descendus volontairement de leur siège, plus honorés qu'ils n'y

(1) FONTENELLE, *Œuvres*, t. III, p. 109.

(2) Mgr de Harlay, l'oncle, demanda à Corneille une pièce de vers latins en l'honneur de Louis XIII et du cardinal de Richelieu, publiée en 1634. Mgr de Harlay, le neveu, engagea Corneille à dédier sa traduction de l'*Imitation* au pape Alexandre VII; ce qu'il fit. Le grand poète s'exprime ainsi dans la dédicace au Saint-Père : « Je parle de monsieur l'Archevêque de Rouen, dans le diocèse duquel Dieu m'a donné la naissance et arrêté ma fortune. Cet ouvrage a commencé avec son pontificat ; et comme ce prélat a des talents merveilleux pour remplir toutes les fonctions d'un grand pasteur, et une ardeur infatigable de s'en acquitter, *les plus belles lumières qui m'aient servi à l'exécution de cette entreprise, je les dois toutes* aux vives clartés des instructions éloquentes et solides qu'il ne se lasse point de donner à son troupeau, ou AUX RAYONS SECRETS ET PÉNÉTRANTS QUE SA CONVERSATION FAMILIÈRE RÉPAND A TOUTE HEURE SUR CEUX QUI ONT LE BONHEUR DE L'APPROCHER. Je lui ai donc voulu faire, non pas tant un présent de mon travail qu'une restitution de son propre bien... »

(Éditions de 1656-1662).

étaient montés; les membres les plus distingués de ce barreau rouennais où Corneille avait pris place en 1624; des représentants des conseils de fabrique de Rouen, en souvenir du trésorier de Saint-Sauveur; des officiers supérieurs, des membres de l'Académie de Rouen et des corps savants; les chanoines de Rouen, un chanoine de Paris, des curés de Paris et de Rouen, des délégués, maîtres et élèves, de toutes nos institutions ecclésiastiques; des hommes notables de la grande industrie, du commerce, de l'agriculture, de ceux qui ont mis en pratique, dans leur vie de chrétiens et de citoyens, les maximes de foi, d'honneur, de dévouement, immortalisées par le poète. Au milieu de cette belle assemblée, présidée par Monseigneur l'Archevêque de Rouen, un grand christ, le maître et l'amour de tous ces nobles cœurs, et, sous le christ, le buste de Pierre Corneille couronné de lauriers. Le spectacle de cette assemblée était déjà, nous le répétons, une glorification et un enseignement.

I

La séance est ouverte à deux heures par Monseigneur l'Archevêque. L'orchestre, composé des meilleurs artistes et des amateurs les plus distingués de notre ville, sous la direction habile et dévouée de M. l'abbé Bourdon, maître de chapelle de la Métropole, attaque la marche symphonique de Gounod, qui sert de prélude à la scène de Polyeucte et de Néarque. Cette page de musique ouvre dignement la solennelle manifestation. Elle commence avec éclat par de brillantes fanfares, et fait place à un chant mélodieux des violons, qui s'élève comme une prière, bientôt couverte par les clameurs des trompettes et les puissantes modulations de l'orchestre, pour se terminer dans une acclamation finale. C'est la scène du Colysée mise en musique. Le martyr va chanter. On connaît cette admirable scène VIe du IIe acte, où Polyeucte et Néarque s'exhortent au sacrifice, s'écriant tour à tour :

> Allons, mon cher Néarque, allons aux yeux des hommes
> Braver l'idolâtrie et montrer qui nous sommes.

La musique de Gounod a rendu, autant qu'il était possible, les vifs élans de Polyeucte, les conseils de Néarque, leur foi commune, leurs communs transports.

Le duo terminé, au milieu des applaudissements, l'orchestre introduit bientôt, par une symphonie religieuse d'un grand et doux caractère, le second morceau, qui n'est autre que l'immortel monologue de la scène IIe du IVe acte, ces stances où Corneille a mis dans la bouche de Polyeucte toute la profondeur, toute la générosité des sentiments de son âme croyante. Gounod a été sublime dans sa musique grave et mélancolique ; l'orchestre accompagne discrètement les soupirs et les élévations de cette austère méditation :

> Source délicieuse, en misères féconde,
> Que voulez-vous de moi, flatteuses voluptés ?
> Honteux attachement de la chair et du monde,
> Que ne me quittez-vous, quand je vous ai quittés ?

Ici, vraiment, la musique ajoute aux paroles une onction dont l'âme ne se peut défendre, et qui a fait monter à bien des yeux de douces et saintes larmes.

> Saintes douceurs du ciel, adorables idées,
> Vous remplissez mon cœur qui vous peut recevoir ;
> De vos divins attraits les âmes possédées
> Ne conçoivent plus rien qui les puisse émouvoir.

Comme ce chant céleste convenait bien à cet auditoire de prêtres et de fermes chrétiens dont la vie édifiante, souffrante, désintéressée, lui formait comme un saisissant et visible commentaire ! Aussi quel recueillement, quelle émotion dans l'auditoire, qui semblait répéter une prière plutôt qu'entendre une mélodie !

Après ce premier hommage rendu à Corneille par l'art le plus délicat et le plus élevé, un prêtre poète, M. l'abbé Duhamel, curé de Vincennes, a lu la pièce de vers suivante. Il était bon que le grand Corneille chrétien fût célébré par une voix sacerdotale et par une voix aussi bien inspirée. Les beaux vers qu'on va lire, et qui enveloppent de grandes et saintes pensées, ont excité dans l'auditoire une admiration croissante et ont été souvent interrompus par les plus chaleureux applaudissements. Nous étions fier de voir l'un des nôtres, louant Corneille dans sa propre langue, se faire le digne interprète de nos sentiments.

A CORNEILLE

Corneille, pourquoi donc, sur le vieux Pont-de-Pierre,
Te voit-on tout pensif et le visage austère,
Comme si ton regard recherchait anxieux
Dans Rouen rajeuni le Rouen des aïeux ?
Mais c'est bien ton pays, c'est ta ville natale ;
Vois l'antique palais, la belle cathédrale,
Le port, la vieille tour ; tous ces chers monuments
Gardent la foi, les arts et l'honneur des Normands.
Vois sur son piédestal Jeanne, calme et sereine,
Qui semble encor vouloir mourir pour sa Lorraine.
Là-bas sont les coteaux, au centre est Saint-Ouen.
C'est bien ta Normandie et c'est bien ton Rouen.

Ainsi je murmurais ce que je viens de dire,
Et Corneille, voilant de larmes son sourire,
Oui, Corneille vivant, nous l'avons entendu,
Pour nous instruire encor, Corneille a répondu :

Deux siècles écoulés, je sais te reconnaître,
Riche et belle cité, Rouen qui m'a vu naître.
« Rouen, mon cher pays et mon premier amour, »
Toi qui vis mes aïeux, mes enfants et mon frère,
Toi qui m'as préparé cet honneur séculaire,
J'aime à te bénir en ce jour !

Oui, je te reconnais ; sur ces coteaux rustiques
J'ai rêvé ; j'ai prié sous ces voûtes antiques ;
J'étais pauvre, envié, mais que j'étais heureux !
Ces flots m'ont inspiré des mouvements sublimes.
Au logis j'empruntais à mon frère des rimes.
Nos enfants partageaient leurs jeux.

Souvent, portant mes pas vers le Petit-Couronne,
Je partais aux beaux jours où l'abeille bourdonne,
Et, butinant comme elle, au bois, loin des chemins,
J'allais cueillant, liant quelques nobles pensées
Que j'encadrais, le soir, ardentes, cadencées,
Dans les scènes de mes Romains.

Que je me sens français lorsque j'entends la France
Me parler aujourd'hui d'amour et d'espérance !
Mon cœur de tant d'honneurs est tout enorgueilli.
Merci de vos lauriers, et merci de vos fêtes !
Lorsqu'ainsi tout un peuple honore ses poètes,
Non, ce peuple n'a pas vieilli.

Il est vrai que des ans j'ai ressenti l'injure,
Et mon cœur affligé s'y soumet sans murmure ;
Le temps, ce niveleur, le temps qui jette à bas
Les trônes, les palais et les humbles chaumières,
Pour élargir la route a dispersé les pierres
De ma chère maison là-bas.

N'importe, détruisez, percez des avenues,
Ouvrez aux voyageurs des routes inconnues,
Osez au vieux Rouen dire un dernier adieu ;
Tout passe, tout vieillit, tout dit ce que nous sommes ;
Changez donc, réformez, hommes, l'œuvre des hommes,
Mais respectez l'œuvre de Dieu.

Cette œuvre, c'est le code écrit au fond des âmes,
C'est le patriotisme et ses ardentes flammes,
La règle de l'honneur et de la vérité,
La loyauté suivant toujours la droite ligne,
La vertu gouvernant l'homme et le rendant digne
De jouir de la liberté.

Pour une nation, ce qui fait qu'elle est une,
Ce n'est pas de parler une langue commune,
De payer même impôt ou du sang ou de l'or ;
Avec les mêmes lois et les mêmes frontières,
Les mêmes intérêts, les mêmes adversaires,
On ne fait pas un peuple encor.

Mais ce qui fait vraiment l'âme de la patrie,
Sa force, sa grandeur, son cœur, son sang, sa vie,
C'est de n'avoir qu'un Dieu, qu'une foi, qu'un autel,
D'avoir le même culte et les mêmes croyances,
De se réconforter des mêmes espérances
Et pour la terre et pour le ciel.

La devise des preux : Ton Dieu, ton roi, ta dame,
Trois devoirs, trois liens dont la puissante trame
Enchaînait autrefois nos vaillants chevaliers.
A ses nobles serments rester toujours fidèles,
Telle fut la grandeur des Romains, mes modèles :
L'autel, le drapeau, les foyers.

Patriotisme, honneur, religion, famille,
C'est par ces grands aspects que mon théâtre brille ;
Par ces maîtres ressorts soutenant l'action,
J'ai depuis deux cents ans tenu les auditoires,
Émus, tremblants, ravis des luttes, des victoires
Du devoir sur la passion.

Voilà quels sentiments, quelles vertus divines,
Formèrent mes héros comme mes héroïnes,
Pleins de valeur, d'amour, de foi, de repentir,
Don Diègue, don Rodrigue à la bouillante audace,
Et Chimène, et Pauline, et les trois fils d'Horace,
Et Polyeucte le martyr.

France, « tu t'en souviens, tant d'heur et tant de gloire
« Ne peuvent pas sitôt sortir de ta mémoire, »
C'est par là que tu fus illustre ainsi que moi,
C'est la foi qui fit grands Clovis et Charlemagne,
Saint Louis, Jeanne d'Arc, et le Cid et l'Espagne,
Et le grand siècle et le grand roi.

Elle inspira jadis *Athalie* à Racine,
Séduisit maintes fois Musset et Lamartine,
Hugo, qui dans l'arène eût paru trois fois grand,
Si, d'un regard du Christ éclairant son génie,
Il eût osé, croyant, contre un siècle qui nie,
Se dresser seul comme Roland ;

Hugo, qui dit un jour au Sénat, à la France :
« La foi, c'est la première et la haute science
Qu'un peuple doive mettre au cœur du jeune enfant ;
Notre unique souci, notre suprême envie,
Devrait être ici-bas d'agir pour l'autre vie. »
C'est sa parole... et maintenant !...

Maintenant, entraîné, lui qui devait conduire,
Il cède à l'ouragan qui souffle pour détruire,
Et ses imitateurs ne s'arrêtent pas là :
La vogue est désormais aux pièces à scandale,
Et l'enfant va chercher des leçons de morale
Dans Richepin ou dans Zola.

Ah ! quand l'esprit du mal emporte ainsi nos guides,
Vers la honte et la mort les pentes sont rapides !
Quand l'étendard sacré qui s'appelle un drapeau,
Que le soldat mourant baise et défend encore,
Pour un libre penseur n'est « qu'une métaphore »,
Ce penseur nous mène au tombeau !

Malheureux ! (et c'est là ce qui fait ma tristesse)
Qui versez à ma France une mortelle ivresse,
Vous faites contre Dieu des efforts superflus,
Dieu ne meurt pas ! Mais vous qui tuez la patrie,
Qui par l'impiété semez la barbarie,
Corneille « ne vous connaît plus. »

Ah ! connais-nous toujours, Corneille, nous dont l'âme
Garde comme un trésor la foi, céleste flamme,
Puis redis à ta France : « O France, as-tu du cœur ? »
Ta France répondra, repentante et brisée :
« Je sais, je crois, je vois, je suis désabusée ».
J'aime et je bénis mon vainqueur.

Il fallait reposer les âmes des fortes émotions causées par ces accents. La musique a rempli cette aimable mission. Un jeune élève de la Maîtrise, Jules Hœlling, a exécuté sur le piano un ravissant scherzo, composé par un ancien élève de la Maîtrise, Fr. Aloÿs Klein neveu. L'œuvre d'Aloÿs Klein est neuve et élevée, comme tout ce qui sort de sa verve et de sa science musicales. On a admiré la virtuosité de l'exécutant, presque un enfant, qui fait honneur à notre école métropolitaine et à son maître, M. Ledru.

Mais voici que l'orchestre prélude de nouveau. Un artiste éminent de notre ville, M. F. Lamoury, interprète, avec le talent qu'on lui connaît, un concerto de violon de Mendelssohn, accompagné par l'orchestre. Il chante à ravir sur son instrument si sympathique et si vibrant la mélodie de l'andante; il enlève avec maëstria, dans le final, les difficultés et les caprices vertigineux que Mendelssohn s'est plu à multiplier dans cette page chaudement colorée. L'orchestre a été digne du soliste et a mérité sa part de l'ovation faite à M. Lamoury.

II

La seconde partie de la séance s'ouvre par la poésie de M. Paul Allard.

M. Paul Allard est l'honneur de l'Académie de Rouen et de notre ville. Ses ouvrages historiques, *Rome souterraine, les Esclaves chrétiens, les Esclaves, Serfs et Mainmortables, l'Histoire des Persécutions,* estimés du monde savant, salués par les critiques les plus autorisés comme des œuvres d'une forte et profonde érudition et d'un haut style, couronnés par les éloges du Souverain Pontife, l'ont placé au rang des écrivains de race et des défenseurs de la vérité. Le Congrès des catholiques de Normandie en 1883 l'avait montré orateur; la séance du 19 mars vient de le révéler poète.

Oui, poète, car il a le souffle, l'inspiration, les ailes de la pensée et de la foi. Son vers est mâle, sobre et ferme ; il est le moule solide de grands sentiments. Il a parlé de Corneille comme un fils doit parler de son père, en lui empruntant son âme et son verbe.

En entendant les vers qu'on va lire, on regardait le buste de Corneille, et on lui disait instinctivement : « Écoute bien, grand Corneille, voici un enfant de Rouen qui élève notre admiration et notre reconnaissance à ta hauteur ! »

LA VIEILLESSE DE CORNEILLE

I

La chambre est basse et sombre, et, par la vitre épaisse,
Aux tout petits carreaux enchâssés dans le plomb,
Filtre un dernier rayon, adieu du jour qui baisse :
L'automne va finir, et le jour n'est pas long.

Un homme rêve, assis près de la cheminée,
Le front dans la main, l'œil dans l'espace perdu.
Il repasse en esprit toute sa destinée :
A l'appel de la Muse a-t-il bien répondu ?

Il est vieux maintenant, et ses cheveux blanchissent ;
L'âge a déjà creusé des rides sur son front :
Son œuvre est-elle aussi de celles qui vieillissent,
Et son nom serait-il de ceux qui finiront ?

D'autres avec succès courent dans la carrière
Qu'ont ouverte jadis ses illustres travaux ;
Les faveurs de la cour, les bravos du parterre
Ne vont plus maintenant qu'à ses jeunes rivaux.

Hélas ! la gloire est femme, et n'aime pas les rides.
A leurs serments anciens elle a déjà failli.
Elle n'hésite plus, dans ses amours perfides,
Entre Racine jeune et Corneille vieilli.

Pourtant il vit toujours, et la Muse divine
Lui fait, au fond du cœur, entendre sa voix d'or :
Des sœurs dignes de vous, ô Chimène, ô Pauline,
Flottent dans sa pensée, et peuvent naître encor.

Éveillez-vous de l'ombre, ô vieux Cid, ô Sévère,
Horace au bras romain, Auguste au cœur clément,
Polyeucte, si fort dans ton amour austère,
Et toi, joyeux Menteur au rire étincelant.

Autour de votre père accourez tous en foule,
Héros au cœur de chair, héros au front serein ;
Dites-lui qu'on n'a point brisé le noble moule,
Et que vous n'avez pas épuisé tout l'airain ;

Qu'il reste du métal éternel et splendide
Assez pour en sculpter, de son doigt créateur,
Des êtres comme vous, au courage intrépide,
Des héros de même âme et de même hauteur !

L'âge n'alourdit pas l'élan de ses pensées :
Le cœur du vieux poète est chaud comme à vingt ans,
Et le lointain écho des ivresses passées
Résonne encore au fond de ses vers éclatants.

Rien n'est venu voiler ce regard politique
Qui lui fit démêler les plus secrets ressorts
De la chose romaine, empire ou république,
Et du fond de la tombe évoquer les grands morts,

Comme un vrai souverain faire parler Auguste,
Comme un conspirateur faire parler Cinna,
Félix comme un flatteur, Sévère comme un juste,
Pompée en grand vaincu que le sort condamna.

Sa raison est encor cette ferme lumière
Qui marche devant lui comme un vivant flambeau,
Toujours droite et sereine, et toujours la première
Sur le chemin du vrai, sur le chemin du beau ;

Et, quand ce grand chemin le mène aux hautes cimes,
Il est, le vieux poète, encor superbe à voir,
Parcourant d'un pied sûr ces régions sublimes
Où tout, jusqu'à l'amour, est soumis au devoir,

Où vivent, dans l'azur d'une gloire idéale,
Des cœurs « maitres de soi comme de l'univers »,
Où l'on parle la langue austère et triomphale
De la raison vibrant au souffle des beaux vers!

Qu'importent quelques fruits moins bons de sa vieillesse?
Qu'importe *Agésilas, Perthariie, Attila ?*
Qu'importe que Boileau, le harcelant sans cesse,
Tantôt lui crie : « Hélas ! » tantôt lui crie : « Holà ! »

Sachez-le, satirique, Homère aussi sommeille :
Il est pourtant le chantre immortel d'Ilion.
Laissez donc quelquefois dormir le grand Corneille ;
Mais attendez toujours le réveil du lion.

Étendu, vieux et las, dans le désert de sable,
Abandonné de tous, et seul sous le ciel bleu,
Le lion endormi reste encor formidable,
Et dans ses yeux clos passe une lueur de feu.

Qu'un vent sonore et frais caresse sa crinière,
Que le soleil levant le baise d'un rayon,
Il se dresse soudain, dans sa vigueur première,
Et le désert sourit au réveil du lion.

II

Ainsi rêva le vieux poète,
Et bientôt roula dans sa tête
L'ouragan des projets divers :
De vastes plans de tragédies,
Des scènes neuves et hardies,
La vague ébauche de beaux vers,

Les héros et les héroïnes,
Le fracas soudain des ruines,
Les duos d'amour ou d'effroi,
Le destin déloyal et sombre
Qui va, cachant ses pas dans l'ombre,
Briser les couronnes de roi,

Enfin toutes les belles larmes,
Toutes les tragiques alarmes,
Toutes les superbes douleurs,
Drames de l'âme ou de l'histoire,
Épopée aux accents de gloire,
Chants plaintifs tout mouillés de pleurs !

Quelle clarté, dissipant l'ombre,
Vient éblouir le logis sombre?
Voyez : l'Olympe s'est ouvert ;
La fière Muse, en robe blanche,
De nouveau sur son front se penche
Et le touche du rameau vert.

A son cœur monte par bouffée
Sa jeunesse a peine étouffée,
La chaude haleine des printemps,
Air chargé de fécondes sèves,
Brise que parfument les rêves,
Germes dans un rayon flottants.

A ce renouveau qui l'enivre
Il se ranime, il croit revivre
Ce temps de soleil inondé,
Ces jours abondants en merveille
Où les accents du grand Corneille
Faisaient pleurer le grand Condé,

Où le généreux capitaine,
Prenant la France pour Chimène,
Imitait le Cid à Rocroi,
Où le génie et la victoire
Faisaient comme un berceau de gloire
Sur le tête d'un jeune roi !

Penché frémissant sur la table,
Relique déjà vénérable,
Où *Polyeucte* fut écrit,
D'une nouvelle tragédie
L'intrigue puissamment ourdie
Se déroule dans son esprit.

D'une main tremblante de joie
Il a saisi comme une proie
La plume qui dort près de lui ;
Le papier sous ses traits frissonne,
Et de son cerveau qui bouillonne
Un éclair dans ses yeux a lui.....

III

Cependant le poète avait cessé d'écrire,
Et son regard suivait, attentif à bien lire,
Les pages d'un vieux livre aux longs feuillets jaunis
Par le temps ou — qui sait ? — par les larmes ternis.
Lecteur, livre, échangeaient plus d'une confidence.
Le hasard — on appelle ainsi la Providence —

Par surprise, à l'instant, l'avait mis sous sa main,
Alors qu'il recherchait quelque ouvrage romain.
Le livre n'était pas inconnu de Corneille :
Souvent, pour le traduire, il prolongea sa veille ;
Mais jamais il n'avait senti jusqu'à ce jour
Tout ce qui s'y cachait de puissance et d'amour,
Jamais l'austère et tendre accent du moyen âge
A son âme n'avait parlé si doux langage,
Jamais le vieux latin, savoureux et vivant,
N'avait dans son esprit pénétré plus avant.

Comme il rappelle bien, dans sa beauté mystique,
L'ensemble harmonieux d'une église gothique,
Ce livre sans pareil, où le moine inspiré
A tracé de Jésus le visage sacré,
Fait causer cœur à cœur le disciple et le maître,
Flétri le vain orgueil et l'amour de paraître,
Et dit combien — si haut que l'on soit parvenu —
Il est bon de se taire et doux d'être inconnu !

Être inconnu, se taire... et s'appeler Corneille !
Sentir la Muse en soi qui soudain se réveille,
Et bercer de nouveau, pour un repos béni,
Le grand oiseau chanteur qui veut sortir du nid !
Dérision, blasphème... ou conseil humble et tendre
Qui parle au grand poète, et lui veut faire entendre
Que le temps est venu de mettre désormais

Dans son âme de feu le silence et la paix,
De laisser doucement la prière et l'étude
De leurs rameaux unis voiler sa solitude,
De survivre à sa gloire en écoutant venir
Le pas déjà prochain du céleste avenir,
En sentant sur son front, claires et solennelles,
Les ombres s'incliner des hauteurs éternelles.

Ah ! Corneille est trop grand, Corneille est trop chrétien
Pour résister longtemps à qui parle si bien !
D'autres pourront mourir au sortir du théâtre,
Étouffés sous les fleurs par la foule idolâtre,
Et passer, tout gonflés d'un sacrilège orgueil,
Du triomphe d'*Irène* aux horreurs du cercueil.
D'autres pourront ternir une longue vieillesse
A renier le Dieu que chanta leur jeunesse,
A déchirer leurs vieux drapeaux, à renverser
L'autel qu'en d'autres temps on les vit encenser.
A la postérité qui de loin le contemple
Corneille n'aura pas donné ce triste exemple,
Et, comme il sut bien vivre, il saura bien vieillir.

Heureux avant la mort qui peut se recueillir,
Et, laissant expirer les vains bruits de ce monde,
Passer ses derniers jours dans une paix profonde !
Heureux qui la recherche et qui sait la goûter !
Dans cette solitude on peut encor chanter,

Mais chanter pour soi seul, pour Dieu, pour quelques âmes,
Comme chantent parfois en expirant les flammes,
Quand le bois odorant, presque tout consumé,
Exhale dans les airs un souffle parfumé !

IV

A partir de ce jour, ainsi chanta Corneille,
Et les anges du ciel pouvaient prêter l'oreille,
Alors que, dans son mâle et sublime français,
De l'*Imitation* traduisant les versets,
Aux strophes du vieux moine il attachait des ailes
Et guidait leur essor aux voûtes éternelles.

Corneille est tout entier dans ce livre pieux,
Où chaque page rend un son mélodieux,
Où vibre tour à tour chaque mètre lyrique,
Instrument différent d'une même musique,
De grands alexandrins pleins de pompe et d'éclat,
Des rythmes courts, pressés, dont le flot délicat
Succède à d'autres flots d'une ampleur infinie,
Et mêle sa cadence à l'immense harmonie.

Que de récitatifs, de duos et de chœurs
Semblent attendre ici l'orchestre et les chanteurs !
Ah ! qu'un musicien digne de le comprendre
Ouvre ce grand poème, et qu'il se laisse prendre
Au charme tout-puissant qui s'en exhalera,
Une œuvre originale et vivante naîtra.

Écoutez... on prélude, et, d'une aile légère,
L'harmonie effleurant
Harpes et violons, en tire une prière
Qui monte au ciel, pleurant.

Tout un monde inspiré sur leurs cordes s'éveille.
Le poète endormi semble ressusciter.
Écoutez... écoutez : l'âme du grand Corneille
Va chanter !

Cette belle œuvre, parfaitement rendue par M. Lalo, un des membres de la conférence Ozanam, qui lui avait prêté son organe et son talent, s'est achevée au milieu des acclamations de l'auditoire.

Un autre enfant de Rouen s'est levé pour célébrer Corneille, cette fois dans le langage idéal de la mélodie et dans l'idiome puissant de l'harmonie.

Nous le constatons ici, non sans quelque fierté, Corneille a été glorifié à l'Archevêché par des Rouennais. Nous avions regretté, dans les fêtes du Centenaire, de n'entendre que des voix étrangères à notre ville. Pas un littérateur de Rouen n'avait été admis le 12 octobre 1884 à parler de Corneille. Sans doute, M. Gaston Boissier, le représentant de l'Académie française, M. Sully-Prudhomme, M. Henri de Bornier, se sont bien acquittés de leur mission ; mais nous eussions voulu après eux un enfant du pays. Ce désir si légitime vient d'être comblé. Nous osons dire même, avec tout le respect que nous devons à des membres de l'Académie française justement renommés, que les orateurs et les poètes du 12 octobre n'avaient pas épuisé leur sujet ; nous osons affirmer que les œuvres publiées ici, les poésies et surtout le discours de notre éminent Archevêque, n'ont rien à envier aux œuvres de ces maîtres de la langue et de l'esprit français. Nous en appelons avec confiance au jugement des lettrés et des délicats.

La séance de l'Archevêché a eu encore ce mérite d'associer l'art musical rouennais à la poésie et à l'éloquence, dans l'hommage à Corneille.

M. Charles Lenepveu avait bien voulu composer pour notre fête une œuvre achevée, de celles qu'on fait pour la postérité. Assurément nous savions que le talent de cet enfant de Rouen n'avait fait que grandir, depuis le jour où il avait obtenu le prix de Rome. Nous avions pu juger, à la séance où l'Académie de Rouen l'a couronné et a fait exécuter quelques-unes de ses œuvres, du vol qu'avait pris son inspiration musicale et de la science profonde que ses études persévérantes lui avaient acquise. Les fragments de sa *Messe des Morts* et du *Florentin*, interprétés devant l'Académie, avaient enlevé tous les suffrages. Depuis, il a fait *Velléda*, une épopée nationale, connue partout, excepté en France, acclamée à Londres et à Bruxelles, et dont des fragments seuls, joués au Conservatoire, ont obtenu parmi nous l'honneur que tout l'ouvrage mérite. Le psaume CL, *Laudate Dominum in sono tubæ,* exécuté à Saint-Godard et à la Cathédrale de Rouen, avait prouvé que les ressources les plus fécondes, les plus compliquées, les plus imitatives, de l'harmonie et de l'orchestration modernes, pouvaient convenir au chant religieux, à un thème emprunté à la psalmodie grégorienne. C'est un bonheur pour nous de constater que notre concitoyen s'est surpassé dans l'hommage à Corneille.

Cet hommage comprend trois parties : une introduction et un chœur, un duo, un chœur final. Les paroles avaient été empruntées à Corneille, à sa traduction du chapitre XL du livre III de l'*Imitation*. C'était bien l'âme du poète, le poète chrétien tout entier, qui allait s'exhaler ici.

L'introduction est grave. Elle commence par des plaintes que se renvoient les instruments, depuis les notes émues des violons jusqu'aux profonds soupirs des basses et des cuivres. L'âme est bien préparée à entendre ce gémissement éternel que pousse le poète, et avec lui l'humanité : « Seigneur, qu'est-ce que l'homme ? » Les quatre parties du chœur répètent tour à tour la question douloureuse. Aux premiers accents de l'humilité succèdent bientôt ceux de la confiance. L'auteur reprend alors sur un autre ton la mélodie et la développe :

> Seigneur, qu'est-ce que l'homme ? et, dans ton souvenir,
> Qui lui donne le rang que tu lui fais tenir ?

Le chœur s'anime et se presse dans ses interrogations, où se mêle, non plus l'accablement de la première question, mais un sentiment plus doux, déjà conscient des bienfaits de Dieu. Les basses, puis le chœur, alternant avec l'orchestre, continuent sur un mode différent les exclamations du poète :

> Que sont les fils d'Adam, que sont tous leurs mérites,
> Pour attirer chez eux l'honneur de tes visites ?
> Que t'a fait l'homme enfin, que ta grâce pour lui
> Aime à se prodiguer et lui servir d'appui ?

Les parties se partagent ces vers, aveux de l'âme humaine qui confesse son impuissance, les répètent ensuite en style figuré, et les résument dans un ensemble choral d'un grand caractère. Pendant ce temps, l'orchestre, tout en accompagnant les voix, poursuit sa marche indépendante et rappelle par des modulations savamment agencées le thème mélancolique de l'introduction :

> Ai-je lieu de m'en plaindre avec quelque justice,
> Quand elle m'abandonne à mon propre caprice ?
> Et puis-je à ta rigueur reprocher quelque excès,
> Quand toute ma prière obtient peu de succès ?

Une fraîche voix de soprano s'élève alors et chante sur une mélodie qui se grave aisément dans la mémoire, tant elle est naturelle et bien venue, les paroles du poète :

> C'est bien alors à moi d'avouer ma faiblesse,
> C'est à moi de penser et de dire sans cesse :
> Seigneur, je ne suis rien, je ne puis rien de moi,
> Et je n'ai rien de bon, s'il ne me vient de toi.

L'alto reprend le même chant sur un autre ton, et ajoute :

> C'est de toi, mon Sauveur, c'est de toi, source vive,
> Que se répand sur moi tout le bien qui m'arrive ;
> Et pour faire à mon âme un bonheur souverain,
> Tu n'as qu'à lui prêter, qu'à lui tendre la main.

Les deux voix, se mêlant ensuite, concertent dans un duo exquis dont la fraîcheur et la grâce ravissent l'auditoire.

Le chœur final est une explosion de foi et d'amour. La musique est digne des paroles et leur apporte une splendeur et une puissance irrésistibles :

> O vérité suprême et toujours adorable,
> Miséricorde immense et toujours ineffable,
> Je ne réclame point dans ma fragilité
> D'autre miséricorde ou d'autre vérité.

A ce moment, le compositeur déploie toutes les ressources, toutes les énergies, toutes les magnificences de l'orchestre et des voix pour entonner le chœur final, hymne grandiose, entraînant, triomphal. Les voix chantent d'abord à l'unisson, avec accompagnement en arpèges de tous les instruments, ce salut de la foi :

A toi, Trinité sainte, espoir du vrai fidèle,
A toi pleine louange, à toi gloire immortelle !
Puisse tout l'univers, puisse tout l'avenir,
Toute l'éternité te louer et bénir !

Puis, précipitant leur marche, l'orchestre et les chœurs reprennent en parties le chant harmonisé, mêlent toutes leurs ressources, redoublent de puissance, passent par tous les tons de l'échelle chromatique, pour atteindre aux dernières limites de la force et de la couleur musicales, et c'est au milieu du déchaînement de toutes ces masses vocales et instrumentales, des éclats des cuivres, des roulements des timbales, des salves de la grosse caisse et des cymbales, que s'achève l'acclamation triomphale :

Puisse tout l'univers, puisse tout l'avenir,
Toute l'éternité te louer et bénir !

On est soulevé, enthousiasmé, et un tonnerre de bravos couvre les dernières notes de l'orchestre. M. Charles Lenepveu, qui a conduit lui-même son œuvre, avec une autorité, une puissance d'action et une chaleur d'émotion dont tous les exécutants et les chanteurs subissaient le prestige, est l'objet d'une ovation justement méritée. Il y avait là une digne et vénérable femme qui pleurait d'émotion et de joie : c'était la mère de Charles Lenepveu, que, par une attention délicate, Monseigneur avait conviée à cette solennité.

L'œuvre de M. Lenepveu vivra ; elle lui méritera l'admiration des connaisseurs, et, nous aimons à l'ajouter pour sa mère et pour lui, les bénédictions de Dieu.

Nous devons une mention aux solistes qui, pendant la séance, ont tour à tour fait admirer leur talent : MM. Saas, Hébert, Deshays.

III

Cette fête attendait son couronnement. Une voix plus haute que celle des artistes et des poètes devait célébrer le grand Corneille et lui offrir le suprême hommage. S. G. Monseigneur l'Archevêque de Rouen se lève et prononce le discours qu'on va lire. L'action oratoire de l'éminent Prélat est libre de toute entrave, car il n'a pas de manuscrit à la main. Nous publions cette œuvre magistrale avec respect et admiration ; nous ne nous permettrons pas de la célébrer, car elle est au-dessus de nos louanges. Nous la tenons pour un monument de haute éloquence, digne des maîtres de la parole, digne de Corneille. Ce que nous pouvons dire seulement, c'est qu'elle a excité vingt fois dans l'auditoire des transports d'enthousiasme, qu'elle a fait monter des larmes aux yeux mêmes des plus fiers soldats. L'émotion qu'elle a provoquée se renouvellera à la lecture, car ce discours, par les pensées, par le style, par le souffle oratoire, ne passera et ne s'oubliera jamais.

DISCOURS

DE MONSEIGNEUR L'ARCHEVÊQUE DE ROUEN

MESSIEURS,

IERRE CORNEILLE vient de revivre au milieu de nous, et nous avons salué avec admiration la gloire du poète, la noble vie du chrétien. Nous nous sommes souvenu que plus d'une fois, dans cette enceinte, il a été reçu comme un ami par deux

Archevêques de Rouen. C'était donc justice que leur successeur lui offrît une couronne, et qu'après les ovations triomphales de la cité et de la patrie, l'Église se montrât fière, elle aussi, de compter au nombre de ses enfants cet homme encore plus grand par sa foi que par son génie.

Nous avons convié à notre fête la musique et la poésie. L'une et l'autre ont su trouver des accents où respire l'âme de Corneille, des harmonies tour à tour vives et passionnées, comme le dialogue de Néarque et de Polyeucte ; pleines d'une mélancolie sublime, comme les stances du martyr ; douces et fortes, comme les paroles presque divines du livre de l'*Imitation ;* et tout cela, avec ces magnifiques élans et ces larges coups d'aile qui soulèvent de terre l'esprit, le cœur, l'homme tout entier, qui l'arrachent au présent et à lui-même, pour l'entraîner, palpitant d'espérance et d'amour, à la poursuite du vrai, du beau, du bien, à la conquête de l'idéal, jusque dans les régions chaudes et lumineuses de l'éternel et de l'infini.

Mais quels que soient, Messieurs, les efforts de ma parole, je sens qu'il faudrait emprunter aux poètes eux-mêmes leur langage mélodieux, pour louer les beaux vers que vous avez entendus et qui ont été encore embellis par les charmes de la diction. Il faudrait aussi être initié à tous les secrets des grands maîtres, pour décrire l'art merveilleux avec lequel on vient d'interpréter leurs brillantes conceptions. L'enthousiasme et les applaudissements d'une société d'élite sont leur meilleur éloge ; c'est un écho des grandes voix de la France et de l'Église, toujours heureuses de s'unir quand il s'agit de glorifier Corneille.

Le génie de Corneille n'est-il pas le génie même de la France ? Dans les drames héroïques du poète, la France reconnaît les traits et le langage de ses grands hommes, elle se reconnaît et se retrouve elle-même ; car jamais aucune nation n'a porté plus loin l'amour de la patrie, la fidélité au devoir, le mépris des basses actions, le culte du malheur, le goût divin du sacrifice, et cet honneur si vif, si généreux, qu'on a nommé l'honneur français, que les aïeux transmettaient à leurs petits-fils comme le premier bien des familles, et que les rois sauvaient des champs de bataille, au risque d'y laisser leur couronne.

L'Église, à son tour, aime et admire Corneille comme le chantre incomparable des luttes du devoir aux prises avec les passions. Dans son premier chef-d'œuvre, le *Cid*, cette lutte est sublime. D'un côté, le sentiment le plus doux et le plus violent, la passion la plus intraitable du cœur humain ; de l'autre, l'honneur, c'est-à-dire une délicatesse suprême de la vertu, « une crainte infinie de toute honte méritée (1), » la plus sainte pudeur de la conscience, l'éclatante

(1) Lacordaire.

blancheur d'une âme qui frémit à la seule pensée qu'une tache ou seulement une poussière pourrait ternir sa beauté. Telles sont les âmes de Rodrigue et de Chimène. Aussi nulle hésitation : l'amour est vaincu et l'honneur triomphe. Dans la tragédie des *Horaces*, c'est à l'amour de la patrie que sont immolés tous les autres amours ; et dans *Cinna*, l'idéal de la vertu, c'est la magnanimité d'Auguste, qui, vainqueur de lui-même, a droit de s'écrier :

Je suis maître de moi comme de l'univers.

Avec *Polyeucte*, l'idéal monte encore plus haut, et l'héroïsme grandit jusqu'à la sainteté. Quelles scènes rapides, étincelantes, où la vivacité française jette tous ses éclairs et le génie ses grands coups de foudre, où tous les sentiments humains se purifient, s'élèvent et sont transformés par la foi en des sentiments divins ! Il ne s'agit plus seulement d'une patrie terrestre, mais de la patrie immortelle; et si le vieil Horace dit avec transport :

> ..... Quoi donc ! Rome triomphe !

Polyeucte, marchant à de plus nobles combats, s'écrie :

> ..... Faisons triompher Dieu.

et lorsqu'on le conduit non à la mort, mais à la gloire, lorsque

> Dans le ciel déjà la palme est préparée,

il prie et il chante, ou plutôt l'esprit de Dieu chante dans son cœur :

> Source délicieuse, en misère féconde,
> Que voulez-vous de moi, flatteuses voluptés ?

et par un saisissant contraste :

> Saintes douceurs du ciel, adorables idées,
> . . . .
> De vos divins attraits les âmes possédées
> Ne conçoivent plus rien qui les puisse émouvoir.

Qu'il fait bon, Messieurs, se promener avec Corneille sur ces hauts sommets où l'on rencontre les héros et les saints, où l'histoire et la poésie révèlent à nos yeux ces idéales beautés qui faisaient pleurer d'admiration le grand Condé! Là se forment les cœurs vigoureux et les consciences inflexibles; là on apprend que le principe de la force et de la grandeur morales, le premier et le dernier mot du devoir, c'est de mépriser la mort, c'est de placer au delà du tombeau son cœur, sa destinée, sa vie.

Par cela seul, en effet, qu'un homme n'attend rien du ciel et n'en veut rien, il est faible et il a peur. Ne comptez pas sur lui dans les grandes occasions. Peut-être il aime la vérité et il loue la vertu, peut-être il est porté au dévouement par l'élan naturel de son âme; mais, instinctivement, il tremble de perdre ou seulement d'exposer les rapides minutes d'une vie qu'il n'est pas sûr de voir se renouveler dans une autre existence. Nous pouvons donc affirmer qu'il ne résistera pas à certaines séductions ni à certaines violences; que sa vertu est toujours vulnérable par quelque endroit vulgaire; que, malgré ses aspirations élevées et malgré ses remords, il risque de trahir le devoir, quand son intérêt n'est pas du côté du devoir. On le verra un jour ou l'autre subir l'influence d'esprits ou de cœurs plus pervers, et s'associer à eux pour insulter, pour persécuter au besoin la vérité, la justice, le génie, la sainteté. Ah! cet homme, je le connais, je l'ai rencontré à toutes les pages de l'histoire; c'est lui qui donnait la ciguë à Socrate, qui mettait les clous à la croix du calvaire, qui battait des mains au supplice des martyrs; c'est lui qui, à l'heure des grandes crises sociales, suit en esclave le flot des multitudes, encourageant toutes leurs colères, flattant toutes leurs passions. C'est encore lui, regardez, vous n'aurez pas de peine à le reconnaître sous le masque de la plupart de ces hommes qui, deux fois, ont inauguré parmi nous le régime de la Terreur, parce qu'eux-mêmes, les premiers, ces lâches, ils avaient peur.

Donc, Messieurs, point d'illusions. Il y a des heures critiques et décisives où « l'unique source « du bien dire et du bien faire, c'est le mépris « de la mort (1), » c'est l'intrépidité d'un homme qui regarde plus haut que ce monde, et qui cherche en Dieu lui-même le but et l'inspiration de sa vie. Dès lors, ce qu'il espère vaut mieux que ce qu'il sacrifie ; ce qui le soutient est plus fort que ce qui l'accable. Demandez-lui tous les courages et toutes les immolations. Il est brave dans les combats du glaive comme dans ceux de la vertu ; il affronte les courroux des multitudes comme ceux de l'Océan. Citoyen,

(1) Lacordaire.

magistrat, il répond à l'injustice et à la violence :

> Qui ne craint pas la mort ne craint pas les menaces.
> Mon cœur est au-dessus des plus fières disgrâces,
> Et l'on peut me réduire à vivre sans bonheur,
> Mais non pas me résoudre à vivre sans honneur.

Soldat, il console au départ sa famille et ses amis :

> Quoi ! vous me pleureriez mourant pour mon pays !

Et quand, sur le champ de bataille, la mort lui apparaît transfigurée par le sacrifice, il l'interpelle en disant : « O mort, que tu es noire et triste, mais pourtant que tu es belle ! » Martyr, il se souvient que

> .... Le Seigneur des seigneurs
> Veut le premier amour et les premiers honneurs,

et il verse joyeusement son sang.

Voilà de sublimes dévouements ! Ils étonnent, ils effraient les demi-volontés, les demi-consciences, les demi-courages ; mais ils enchantent les grands cœurs. Voilà réalisés, dans toute leur beauté, les types immortels que le génie de Corneille a créés! Il n'est donc pas vrai que la taille de ses héros dépasse la stature humaine, et qu'il ait peint les hommes comme ils devraient être et non pas comme ils sont. Ce qui est vrai, c'est que, pour l'homme de cœur, et surtout pour le chrétien, l'héroïsme se confond souvent avec le devoir ; c'est que, pour rester ferme et debout dans la vertu, il faut se dire à soi-même qu'après tout, vivre et mourir, c'est la même chose. Mourir est une action comme une autre, plus belle même qu'une autre, parce qu'elle achève et couronne la vertu. On n'évite pas la perte de la vie, seulement on peut la perdre comme un lâche ou comme un vaillant. Honneur à celui dont le dernier souffle s'exhale dans un acte de dévouement et sous la bénédiction du ciel !

Quels beaux rêves d'héroïsme et de gloire vous

avez déjà faits, jeunes gens, à cet âge qu'on a nommé l'époque de votre sève de printemps (1), où l'âme est emportée d'un espoir infini, où elle est attirée comme par des parfums vers un monde nouveau et inconnu, où elle conçoit et désire sans limites toutes les beautés et tous les biens dont elle découvre quelques traces? On appelle cela vos brillantes illusions. Moi, je vous dis de la part de Dieu : Croyez à votre âme, *crede animæ tuæ;* croyez à ses élans, à ses pressentiments, à sa soif mystérieuse de l'idéal; croyez à toutes les promesses de la vie. C'est Dieu qui les fait à votre âme *printanière,* il saura les tenir et sur la terre et dans le ciel.

Mais n'oubliez pas que vous devez être *les fils de vos œuvres,* selon le sens le plus élevé de ce beau mot. Quelle que soit la carrière ouverte devant vous, il dépend de votre liberté, avec le secours de la grâce, de couronner votre âme de

(1) P. Gratry.

foi, de chasteté, et de cette auréole de la vertu qui s'appelle l'honneur. L'avenir est à Dieu ; il est à vous aussi, et vous pouvez, à votre gré, le faire glorieux et fécond pour la joie de vos familles, pour le service de la France et de l'Église. L'avenir immortel lui-même est entre vos mains, car la bonté infinie a disposé toutes choses avec une suprême délicatesse pour que votre vie du ciel soit vraiment le fruit de vos travaux, le prix de vos sueurs et de vos larmes, et que vous ayez le mérite de la gagner comme un ouvrier gagne noblement son pain, comme un héros gagne sa gloire.

L'auditoire soulevé et frémissant acclame par trois fois Monseigneur et lui fait une longue ovation.

Le chant du *Laudate Dominum* éclate et résume dans une louange solennelle au Dieu vivant les sentiments et les émotions de cette fête de la religion et de la patrie, qui a élevé, ravi, captivé les cœurs en les transportant dans les régions supérieures de l'enthousiasme et de la foi, et en leur donnant comme une vision de l'idéale beauté.

L'abbé JULIEN LOTH.

www.ingramcontent.com/pod-product-compliance
Ingram Content Group UK Ltd.
Pitfield, Milton Keynes, MK11 3LW, UK
UKHW022146190726
13855UKWH00003B/1356